RÉPUBLIQUE CONSERVATRICE

OU

MONARCHIE CONSTITUTIONNELLE

LETTRE A MM. LES DÉPUTÉS

du département de la Haute-Loire.

LE PUY

IMPRIMERIE ET LITHOGRAPHIE M.-P. MARCHESSOU

—

1875

RÉPUBLIQUE CONSERVATRICE

OU

MONARCHIE CONSTITUTIONNELLE

LETTRE A MM. LES DÉPUTÉS

Du département de la Haute-Loire.

Ceyssac, près le Puy, 25 octobre 1873.

MESSIEURS LES DÉPUTÉS,

Vous avez reçu ou vous allez recevoir d'un groupe d'électeurs de Brioude une pétition par laquelle ils vous demandent, ou de ne porter aucune atteinte au suffrage universel et à l'existence de la République, ou de donner votre démission.

Ces sortes de sommations ne sauraient avoir qu'une valeur relative et limitée tant qu'elles n'émanent pas de la majorité du corps électoral, car

alors elles ne représentent que des opinions iso-
lées, des manifestations partielles ou individuelles
qui n'ont d'autorité sur l'opinion que par l'impor-
tance politique des signataires et surtout par la
force des arguments qu'ils mettent au service de
la cause qu'ils veulent faire prévaloir.

Si donc la pièce à laquelle je fais allusion émane
uniquement d'une portion minime de la minorité
électorale du mois de février 1871, il est probable
que vous vous y arrêterez peu ; toutefois les circonstances sont de la plus haute gravité.

Les premiers jours du mois de novembre verront
peut-être éclore des résolutions susceptibles d'agiter,
de troubler le pays, de régler ou de compromettre
son avenir.

Dans de pareilles circonstances, c'est un droit,
c'est un devoir pour chacun, d'apporter dans ce grand
débat le tribut de ses observations, de son examen
consciencieux, et, comme dans les causes épineuses,
le devoir de ceux qui vont devenir juges est de consulter avec un minutieux scrupule toutes les pièces
du dossier.

Le tout ne se compose que de ses diverses parties...
J'ai l'intention de faire l'application de cette vérité
triviale au sujet qui m'occupe et de restreindre,
autant que possible, mes réflexions à ce qui concerne
le département que vous représentez à l'Assemblée
nationale.

Si dans chaque circonscription on en faisait autant,
si une controverse locale sérieuse s'établissait aussi
universellement qu'il le faudrait, alors les députés,

éclairés sur l'opinion de ceux qu'ils représentent, donneraient à la grande question de RÉPUBLIQUE ou de MONARCHIE une solution conforme aux vœux de la majorité.

Sous le bénéfice de ces préliminaires, je vais examiner rapidement les questions multiples qui vont se poser dans la prochaine réunion de l'Assemblée nationale.

§ 1er.

L'Assemblée nationale a-t-elle réellement le DROIT *de se considérer comme* CONSTITUANTE?

Cette opinion a été fort controversée et elle est en effet très-ardue.

Pour la combattre, on dit que ce n'est pas à ce titre que l'Assemblée a été élue,

Que le décret qui la convoquait ne lui donnait pas cette qualification,

Qu'en fait la préoccupation d'alors se restreignait à la question de paix ou de guerre,

Que, par suite, il n'entra pas dans la pensée des électeurs de nommer des représentants qui fussent appelés à résoudre la question du gouvernement futur de la France.

De tous ces arguments, les premiers me toucheraient peu.

En effet, les membres du gouvernement de la Défense nationale, qui tardivement se déterminèrent à convoquer les électeurs au mois de février 1871, avaient-ils eux-mêmes LE DROIT de limiter le mandat que ceux-ci allaient confier à leurs représentants?

La Souveraineté nationale ne résidait-elle pas, au contraire exclusivement dans le suffrage universel sans entraves, sans limites....

Les arguments tirés du *fait* auraient plus de force, car ils soulèvent pour ainsi dire une question de conscience, de for intérieur.

Malheureusement aucune constatation n'est possible.

Des opinions fort divergentes se sont produites.

C'est donc à chaque député d'apprécier si, au point de vue de l'intention de ceux qui l'ont élu, il a ou n'a pas le DROIT CONSTITUANT.

La question n'est pas neuve dans l'histoire :

Elle présente une analogie frappante avec ce qui se passa à l'aurore de notre Révolution de 1789.

Les Etats généraux ne furent pas élus en 1788 pour *constituer*. Pour faire la Révolution, cependant ce scrupule ne les arrêta pas ; le devoir de réformer, de *constituer*, leur fut dicté par l'opinion publique...

Ils s'érigèrent en ASSEMBLÉE CONSTITUANTE.

La nation toute entière ratifia leur décision. L'histoire n'a pas protesté.

Ajoutons que, sauf une faible minorité, l'Assemblée nationale actuelle a plusieurs fois affirmé son droit constituant;

Que le chef des oppositions réunies, M. THIERS, l'a reconnu lui-même.

Il est donc infiniment probable que l'Assemblée aura bientôt à se prononcer entre la RÉPUBLIQUE ou la MONARCHIE.

Sur ce point préalable, Messieurs les Députés, vous voterez suivant que votre conscience vous le dira.

Probablement, vous serez surtout influencés par cette impatience générale d'une solution qui anime tous les esprits, — par la nécessité de faire cesser le vague, l'incertitude, de donner à ce malheureux pays tant éprouvé par la guerre et par les divisions intestines cette stabilité dont il a soif, de substituer aux agitations politiques le calme si nécessaire à la prospérité de l'agriculture, au travail de l'atelier.

N'est-il pas vrai, d'ailleurs, que de la bouche du peuple sort unaniment ce mot significatif : IL FAUT EN FINIR.

Mais, ce premier point résolu, vous vous trouverez en face du plus redoutable des problèmes que les représentants d'une grande nation aient eu jamais à résoudre.

§ 2.

Faut-il maintenir le STATU QUO *par la prorogation des pouvoirs du* MARÉCHAL DE MAC-MAHON ?

Ce serait là une de ces solutions qui, en général, plaisent aux irrésolus, aux indécis.

Pour échapper à une décision absolue, ils prétextent des raisons de prudence qui les déterminent à ne rien précipiter, à ne rien résoudre, à attendre plutôt de nouvelles inspirations, de nouveaux événements.

Mais, dans le cas qui nous occupe, ce qui, dans d'autres circonstances, ne serait que de la faiblesse, sous le couvert d'une fausse prudence, pourrait devenir un acte de sagesse commandé par les intérêts du pays.

S'il est vrai, en effet, qu'il y ait doute sur la question du droit de l'Assemblée de *constituer* un gouvernement définitif;

Si l'on se pénètre de ce fait que, depuis les élections du mois de juillet 1871, la composition de l'Assemblée s'est surtout modifiée par la diminution du nombre des députés de la droite ou du centre droit et par l'élection des candidats de la gauche même radicale ;

Si enfin on considère que douze siéges sont vacants à l'Assemblée et que les douze élections qui sont destinées à remplir ce vide peuvent amener un déplacement de majorité,

Peut-être faudrait-il reconnaître alors qu'un ajournement est plus loyal, plus logique?

D'un autre côté, il peut se présenter un cas où il deviendrait en quelque sorte irrésistible.

Trois partis existent dans l'Assemblée (nous négligeons les nuances) :

Les MONARCHISTES qui ont incontestablement la majorité relative, mais auxquels on peut dénier jusqu'à preuve contraire la majorité absolue;

Les RÉPUBLICAINS de toutes couleurs, qui approchent de la majorité, mais qui ne l'ont pas, ainsi que le 24 mai l'a surabondamment prouvé;

Les BONAPARTISTES qui représentent à peine le vingtième de l'Assemblée.

Ceux-ci se joindront aux républicains pour empêcher la constitution de la Monarchie;

Puis, aux monarchistes pour empêcher la proclamation de la République.

S'ils échouent dans la première de ces coalitions, ils réussiront forcément dans la seconde.

C'est une question de statistique parlementaire sur laquelle chacun est fixé.

Alors, si les bonapartistes ont tour à tour empêché la Monarchie et la République, ils auront obtenu un double triomphe négatif dont ils ne retireront aucun profit personnel et direct, surtout actuel, mais ils auront rendu inévitable cette PROROGATION à laquelle ils s'associeront eux-mêmes.

Dans ce cas, Messieurs les Députés, votre devoir est tracé d'avance, vous voterez la *prorogation*, mais très-probablement après les épreuves successives que l'Assemblée aura eu à traverser.

Quant à douter du patriotisme de l'illustre maréchal, c'est une question à laquelle je ne veux pas lui faire l'injure de m'arrêter un seul instant.

Si les circonstances que j'indique amènent l'Assemblée à voter la *prorogation* des pouvoirs du maréchal de MAC-MAHON, nul doute qu'il ne reculera pas un seul instant devant cette lourde tâche.

Il le pourrait d'autant moins que, dans ce cas, ce serait presque l'unanimité de l'Assemblée qui donnerait cette forme à une nouvelle trêve des partis.

§ 3.

Situations respectives du parti républicain et du parti monarchique.

Dans cet examen, je saurai me préserver des ardeurs, des exagérations, des injustices dont on trouve l'affligeant spectacle dans cette multitude d'écrits qu'enfante la crise actuelle et dans les articles de la presse parisienne ou provinciale.

J'envisagerai la question à son point de vue le plus élevé.

La France doit-elle être définitivement érigée en État républicain, réglé par des institutions conservatrices ?

Doit-elle, au contraire, revenir à la Monarchie héréditaire, tempérée par des garanties constitutionnelles ?

Problème, difficile à résoudre, est digne de l'examen et des méditations de tous, et pour la solution duquel il est bon de consulter les patriarches de la philosophie et de la politique, ceux enfin qui observent impartialement, depuis soixante ans, les agitations et les révolutions auxquelles ils assistent, et qui tiennent compte du temps, des modifications qu'il amène dans les mœurs et les habitudes du pays, en même temps que des progrès de la raison humaine et de la civilisation.

A l'honneur de mon pays, je veux supposer une égale et entière bonne foi chez ceux qui sont à la tête des grandes fractions politiques qui le divisent.

Je crois à la loyauté de ces républicains de la veille, honnêtes, convaincus, dont le type, pour moi, se caractérise en la personne de *Jules* GRÉVY.

Je crois aussi à la sincérité de ces orléanistes de la veille, républicains du lendemain, qui, comme THIERS, RÉMUSAT, *Casimir* PÉRIER, croient qu'en France la République doit-être désormais substituée nécessairement à la Monarchie.

Et si, d'un autre côté, je vois des orléanistes tels que les DE BROGLIE, les D'AUDIFFRET-PASQUIER, s'unir, à la suite de la famille D'ORLÉANS

elle-même, aux LA ROCHEFOUCAULD, aux LA RO-
CHEJACQUELIN, pour exhumer et glorifier, en la
personne du comte de Chambord, la Monarchie héréditaire et traditionnelle, je comprends parfaitement
que les hommes sincères se demandent où est la
vérité, — se demandent si le devoir civique doit les
faire opter pourl a RÉPUBLIQUE CONSERVA-
TRICE ou pour la MONARCHIE CONSTITUTION-
NELLE.

Il y a là ample matière à hésitation, à réflexion.
Mais, de ce dédale de controverses, de ce croise-
ment d'opinions si divergentes, un résultat immense
et consolant se dégage et s'accentue de plus en
plus.

Les apôtres les plus fervents, les chefs les plus
autorisés de l'opinion qui préconise la République
veulent qu'elle soit CONSERVATRICE.

Les adeptes du dogme monarchique proclament
la nécessité d'une Royauté LIBÉRALE.

Les uns et les autres veulent le SUFFRAGE UNIVER-
SEL.

Le comte DE CHAMBORD s'est lui-même, dit-on,
converti au drapeau national.

Des deux côtés, tout le monde est-il sincère, dé-
sintéressé?

L'ambition n'a-t-elle pas sa part dans quelques
convictions nouvelles?

Ce sont là des détails qui importent peu à la
France.

De gré, ou par calcul, on est conservateur, on est
libéral, parce qu'on est de son temps, parce qu'on

est bon patriote, parce que la France le veut ainsi.

On s'imagine diriger l'opinion, tandis qu'en fait on se borne à la suivre.

Peut-être que, si l'on se passionnait moins, on s'entendrait plus facilement.

Pour quiconque réfléchit, il est évident que si, dans chaque parti, on élimine les ultrà, les excentriques qui sont en minorité dans l'un et dans l'autre, on rencontrerait un grand nombre de points de contact entre les républicains conservateurs et les monarchistes constitutionnels.

Cette réflexion, Messieurs les Députés, m'est principalement suggérée par la pensée qu'il n'existe, parmi vous, que des hommes loyaux parfaitement convaincus, professant, les uns et les autres, des opinions conservatrices et libérales dénuées de toute exagération.

Si je hais les extrêmes, en tout je professe aussi l'opinion que personne n'est indissolublement lié à ses antécédents.

Ainsi, je n'ai pas admis que, dans un récent article du *Figaro*, fort modéré d'ailleurs, on ait pu avec grand succès opposer M. Thiers, apologiste de la Monarchie en 1831, à M. Thiers, défenseur de l'idée républicaine en 1873.

Les opinions de 1831 peuvent fort bien, chez le même homme instruit, mûri par l'expérience, par l'observation, par la pratique de la vie publique, n'être pas les mêmes en 1873.

Le premier Empire n'avait-il pas rallié à lui quelques fougueux républicains ?

Beaucoup, parmi les adulateurs de Napoléon Ier, ne se rangèrent-ils pas sous la bannière blanche de Louis XVIII?

De nombreux légitimistes, vaincus de 1830, ne se rallièrent-ils pas à Louis-Philippe, et en plus grand nombre encore à Napoléon III ?

Les républicains de 1848 sont-ils tous restés fidèles à leurs principes ?

Dans toutes les variations qu'amènent successivement chaque changement de régime, il existe beaucoup de palinodies intéressées qu'il ne faut envisager qu'avec mépris.

Mais doit-on frapper de ce stigmate :

Les *militaires,* qui servent tour à tour le gouvernement établi, considérant qu'en toute circonstance la France est leur seul et unique souverain ?

Les *fonctionnaires,* à tous les degrés de la hiérarchie, et surtout dans les positions subalternes, qui ne considèrent et n'envisagent que leurs devoirs vis-à-vis un gouvernement qui paie leurs services administratifs, extra-politiques?

Les *masses* qui ne demandent à un gouvernement que de garantir à leurs intérêts matériels et industriels le calme et la tranquillité qui puisse en permettre le développement ?

Les *sommités,* même qui, sous l'influence des mêmes idées, et lorsqu'un gouvernement est parvenu à se consolider, croient qu'au lieu de chercher à le renverser, il est plus patriotique de le laisser vivre, de l'améliorer, de le perfectionner?

J'ai parlé de M. Thiers, je veux en dire encore

un mot. Il a pu commettre des fautes, nul n'en aurait été exempt, surtout dans les circonstances qu'il a traversées.

Mais est-il séant, est-il français de diriger sur lui le blâme, l'injure, l'outrage ?

N'a-t-il pas rendu au pays d'immenses services ? N'a-t-il pas vaincu la Commune ?

Après cette éclatante victoire, n'y avait-il pas utilité opportune à ménager, à concilier tous les partis?

Le plus méconnu des services qu'il a rendu à la cause de l'ordre, n'est-il pas celui d'avoir modéré l'opposition, de l'avoir contenue, disciplinée, de l'avoir rendue gouvernementale, à ce point qu'elle comprend aujourd'hui qu'elle ne peut lutter que près des urnes électorales, qu'elle est forcée de renoncer au drapeau rouge et d'adopter celui de la République conservatrice ?

Ce que je demande pour M. Thiers, c'est la reconnaissance et le respect, comme l'histoire les lui réserve, et comme je serai peut-être forcé de les réclamer un jour pour le maréchal de Mac-Mahon, si ses services étaient payés par l'oubli et l'ingratitude.

Je n'ai ni l'intention ni la prétention, Messieurs les Députés, de dicter vos votes, de vous poser, comme une certaine fraction de la population brivadoise, un dilemme outrecuidant qui se résumerait ainsi : « *Ou votez pour la République ou retirez-vous !* »

Votez dans ce grand débat, non pas peut-être d'une manière absolue, comme vous pensez personnellement que cela serait meilleur, mais votez principalement, comme vous croirez que c'est le vœu et le désir de vos commettants.

Mais permettez-moi, avant d'aller au scrutin, de vous dire ce que je crois, en conscience, être l'opinion d'un grand nombre de mes amis qui ont concouru à votre élection.

Je vais en faire le sujet des deux paragraphes suivants :

§ 4.

République conservatrice.

Que d'écroulements en France depuis quatre-vingts ans !

La Monarchie de droit divin tranchée par la hache du bourreau ;

La République radicale et sanguinaire de 1793 ;

L'Empire glorieux ;

La Restauration avec charte octroyée ;

La Monarchie constitutionnelle et parlementáire de Louis-Philippe ;

La deuxième République noyée dans le sang des Journées de juin ;

Le deuxième Empire, plagiat du premier, trouvant à Sedan son Waterloo ;

La troisième République, souillée par la Commune, bien déconsidérée par les élections d'avril à Lyon et à Paris.

En quatre-vingts ans, huit établissements politiques, qui tous avaient la prétention de la perpétuité, et dont sept sont descendus dans la tombe qu'ils se sont peut-être eux-mêmes creusée.

Qu'adviendra-t-il du huitième ?

That is the question, comme dit l'Anglais.

Commençons par reconnaître de bonne foi que de tous les gouvernements qui ont succédé à Louis XVI, la République est peut-être celui dont l'expérience n'a pas été complète.

La première, succédant à la chute si terrible d'un trône onze fois séculaire, devait être fatalement ce qu'elle a été à son début, violente et sanguinaire, elle a péri par ses excès.

La deuxième n'a pas pu s'en préserver non plus, mais qui nous dit que si la France, trop impatiente, trop engouée de dictature, eût préféré la présidence honnête du général Cavaignac à celle du prince Napoléon, elle ne serait pas devenue une République conservatrice, forte et puissante, respectée de tous et inspirant sa loi et son exemple à l'Europe ?

La troisième vit encore.... faut-il la rendre responsable des fautes de ses deux devancières ?

L'essai loyal a-t-il été complet ?

Chacun s'y est-il loyalement prêté ?

Ne vaudrait-il pas mieux continuer l'épreuve, la poursuivre jusqu'au bout ?

Après la victoire sur la Commune, le gouvernement républicain, quand il a été organisé, régularisé, n'a-t-il pas garanti tous les intérêts, toutes les libertés ?

La prospérité du pays n'a-t-elle pas été satisfaisante ?

Ne s'est-elle pas manifestée, cette année, par le résultat merveilleux du dernier emprunt ?

Ne s'en est-il pas fallu de bien peu pour que les légitimistes d'aujourd'hui adoptassent la République conservatrice si M. Thiers, par exemple, eût consenti à la purger de l'élément républicain pur, c'est-à-dire radical ?

Si les légitimistes échouaient dans leur tentative monarchique actuelle, ne se considèreraient-ils pas comme fort heureux de revenir à ce programme de la République conservatrice ?

Y a-t-il nécessité absolue à agiter, à troubler le pays, à le pousser non seulement vers l'inconnu, mais vers un régime qui excite, à un haut degré, les défiances, les appréhensions ?

Voilà la question que chacun se pose.

Je suis de ceux qui, jusqu'à l'élection Barodet, ont eu foi à la République.

Orléaniste de la veille, républicain sincère du lendemain, il me semblait, comme en 1848, que, puisque la République existait de fait, il fallait la laisser vivre, se développer, se régulariser, ou même la laisser s'user, si ce devait être en définitive son sort, pour qu'elle ne put devenir ni une menace ni une espérance.

En 1848, je ne trouvais pas sage, je ne trouvais pas patriotique l'introduction en France d'un nouveau prétendant, et son intronisation me parut une faute de la nation

J'avoue que les deux élections Ranc et Barodet, puis le scandale des enterrements civils passés à l'état de spéculation démagogique ont attiédi ma ferveur républicaine.

Mais peut-être n'étaient-ce là que des accidents éphémères que le gouvernement du 24 mai aurait pu corriger rapidement?

Je me demande, en outre, si la cause de l'ordre, que l'union monarchique croit servir en voulant nous ramener le comte de Chambord, ne serait pas compromise pour longtemps, au cas possible d'un insuccès... car la France est ainsi, nous passerions d'un excès à un autre.

Cette éventualité est de nature à effrayer les plus audacieux.

Je vous engage, Messieurs les Députés, à bien y réfléchir....

§ 3.

Monarchie constitutionnelle.

Je viens d'indiquer mes préférences théoriques.

Je m'y suis peut-être trop appesanti.

Mais je ne me dissimule pas que de sérieuses objections s'élèvent contre l'établissement définitif de la République en France.

Beaucoup disent que la République conservatrice

est une utopie, une chimère, une impossibilité ; que les républicains de bonne foi qui tenteront loyalement de la fonder seront tôt ou tard débordés par les énergumènes de la queue, par ceux que M. Thiers a appelé les *fous furieux*...

Ils ajoutent que la France ne se décidera jamais à ce régime ;

Qu'avant de le faire entrer dans le gouvernement, il faut le faire pénétrer dans les mœurs ;

Que, d'ailleurs, l'Europe est trop monarchique pour nous maintenir ses sympathies, si nous nous constituons en Etat républicain.

Le grand poëte des démocrates, *Victor Hugo*, en parlant de la Monarchie héréditaire a écrit ceci :

« Et toujours le hasard corrige le hasard . »

Je ne trouve pas cet aphorisme satisfaisant au point de vue pratique.

Des choses plus sensées sans doute ont été dites en faveur de l'idée monarchique par M. Thiers dans sa brochure de 1831 et dans son *Histoire de la Révolution française.*

Est-il vrai que ce qu'il considérait alors comme la vérité, ne la soit plus en 1873?

Beaucoup prétendent que cela n'a pas cessé d'être vrai.

Ce qui est certain, c'est que la France se laisse volontiers diriger par le gouvernement *personnel.*

Même sous le régime républicain, M. Thiers était arrivé rapidement à sa personnification, d'autres diraient à son absorption.

Quelle que soit la constitution dans un Etat monarchique, le monarque n'est pas tout sans doute — exemple l'Angleterre — mais il est beaucoup.

Toutefois, de même que, dans mon opinion, la République, si elle pouvait s'asseoir, serait forcément, irrésistiblement conservatrice ;

De même aussi, dit-on, la Monarchie d'Henri V, si elle réussit à se faire proclamer, deviendra nécessairement constitutionnelle et libérale.

Ici, à l'inverse de ce qui se dit du parti républicain, la queue sera peut-être meilleure que la tête.

Plus de préventions auront existé contre le nouveau monarque, plus il éprouvera le besoin d'accorder des garanties à la liberté.

A ces arguments généraux, dont on trouve le développement dans les publications récentes, j'ai entendu beaucoup de mes compatriotes en ajouter de spéciaux à notre département.

Ils disent : Nos populations rurales sont éminemment religieuses, économes, laborieuses. Elles réclament la paix, la stabilité, l'ordre qui, en protégeant le travail, facilite l'écoulement de ses produits.

Le règne de Louis-Philippe était leur idéal.

Quand il fut renversé, Louis-Napoléon leur parut pouvoir seul remplacer ce qu'elles avaient perdu.

Si un nouveau César se présentait, elles l'acclameraient.

Mais le prince impérial n'a que 17 ans.

Le prince Napoléon n'a aucune racine dans le pays.

La Monarchie semble donc être dans l'air....

Il paraît qu'elle réunira la majorité dans l'Assemblée,

Majorité faible sans doute, mais majorité probable....

Ces pressentiments acquièrent plus de force de jour en jour.... Ils peuvent donc se réaliser....

Bien peu de temps nous sépare de la solution.

Que ferez-vous, Messieurs les Députés?

§ 6.

Conclusions.

Jusqu'ici, j'ai examiné impartialement les arguments qui militaient pour ou contre le maintien de la République, pour ou contre le rétablissement de la Monarchie.

Je m'en rapporte à votre conscience, Messieurs les Députés, sur la solution que vous allez donner à des questions si graves, si importantes.

J'avoue que j'aime mieux, dans de semblables circonstances, mon rôle que le vôtre.

Si l'entente des intérêts du pays vous détermine à voter le maintien temporaire ou définitif du régime républicain, faites-le sans hésitation. Mais veillez strictement à ce que cette République soit contenue et ne puisse dévoyer. Entourez-la des institutions conservatrices les plus sérieuses, je dirais presque les plus sévères ; ce sera la condition de sa force, de sa durée.

Dans mon opinion, la liberté ne peut plus périr en France, tandis que l'ordre peut être compromis, troublé, surtout par ceux qui poussent à l'excès l'ardeur républicaine, l'amour immodéré de la liberté ou celui du pouvoir absolu.

Mais, Messieurs les Députés, si vous opinez pour la Monarchie, si la majorité parvient à la fonder, de grâce, au nom du pays, au nom du prince honnête et loyal que vous allez appeler sur le trône, souvent occupé glorieusement par ses ancêtres, ne faites pas le MARIAGE AVANT LE CONTRAT, comme l'a dit récemment un excellent journal.

Posez au préalable des conditions bien nettes, bien précises, bien définies, bien françaises.

Si vous voulez que les plus hostiles adhèrent ou se résignent, songez que le parti légitimiste isolément est numériquement peu nombreux, qu'il emprunte sa plus grande force à la fusion, à l'accession du parti orléaniste ;

Que les anciens orléanistes qui avaient accepté la République et qui s'en détachent déjà, comme le feront, un jour voisin de l'établissement de la Monarchie, les *Sébert*, les *Casimir Périer*, les *Salvandy*, les *Rémusat* peut-être, ne viennent à Henri V que parce que les princes si populaires de la maison d'Orléans leur ont montré le chemin de Froshdorff, et qu'ils ont la confiance que leurs illustres chefs ne veulent pas fourvoyer leurs amis et ne se sont pas fourvoyés eux-mêmes.

Dans tous les cas, d'ailleurs, la France aussi bien que le monarque nouveau auront besoin que le trône qui va s'établir repose sur une assise solide.

Il ne la trouvera que dans la garantie des libertés que comporte notre état moderne, notre brillante civilisation.

En échange, le pays consentira à donner à l'autorité royale le prestige dont elle a besoin et qu'elle s'empressera de faire tourner au profit de la grandeur et de la prospérité de la nation.

Mais si vous n'avez pas la certitude de faire une Monarchie viable, robuste, sans un lendemain fatal, rattachez-vous au subsidiaire dont je parlais naguère, votez pour la PROROGATION des pouvoirs du MARÉCHAL DE MAC-MAHON.

Le pays acceptera encore avec reconnaissance cette stabilité éphémère et provisoire.

Je suppose, Messieurs les Députés, que, sur ces conclusions du moins, nous sommes en parfaite communauté d'idées ; et si vous ne me faites pas l'honneur d'une réponse, je compte du moins que le *Journal officiel* m'apprendra bientôt que vous avez conformé vos votes aux idées des populations que vous représentez.

Veuillez agréer, Messieurs les Députés, l'hommage de mes sentiments de haute considération.

JULES DE LABATIE,
Membre du Conseil général du département
de la Haute-Loire.

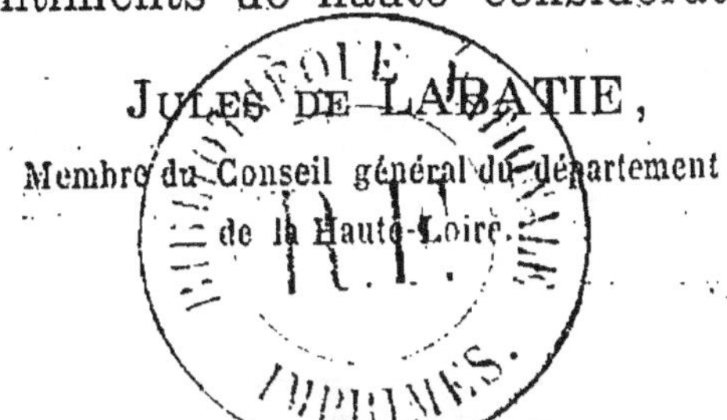

LE PUY, IMP. M.-P. MARCHESSOU.